David Boventer
Gedichte

Der Ruf

Bibliografische Information der Deutschen Nationalbibliothek:
Die Deutsche Nationalbibliothek verzeichnet diese Publikation in der Deutschen Nationalbibliografie; detaillierte bibliografische Daten sind im Internet über http://dnb.dnb.de abrufbar.

© 2015 David Boventer
Illustrationen: Otto Scholtes

Herstellung und Verlag: BoD – Books on Demand, Norderstedt

ISBN: 9783739204253

INHALTSverzeichnis

TAGESschmelze

Hunger und DURST

DER Ruf

SchRITTE

Die WELTENsäule

David Martin Boventer wurde im November 1963 im schönen Freiburg am Breisgau in einem deutsch-amerikanischen Bildungsbürgerhaus geboren.

Naturwissenschaft, Politik und Philosophie, ein intensives Spannungsfeld von Internationalität, Diskussionsfreudigkeit und Lust an der Kunst bestimmten seinen Lebensweg. Schon früh schrieb er Kurztexte, von Prosa bis Lyrik. Dabei waren prägend Thomas Mann auf der einen und die frühen Nachkriegslyriker wie Celan und Ingeborg Bachmann auf der anderen Seite. Musik spielt für David Boventer eine große Rolle.

„Sprache ist wie Mathematik, weil Buchstaben die Chiffren der Abstraktion sind; in der Musik ersetzen die Töne, in der Malerei die Farben die Intonation der Realität und zeigen jenen Schwebezustand des Seins an, der uns Menschen ausmacht."

David Boventer hat eine Ausbildung als Germanist, als Kaufmann, als Politologe, als Software- und IT-Spezialist. Er arbeitet nachdem er 10 Jahre in einer rheinischen Mittelstadt bei Köln Ortsvorsteher von etwa 17.000 Einwohnern war (und dort in einem neuen Viertel Straßen nach seinen Lieblingsdichtern enennen durfte) wieder schwerpunktmäßig als freier Unternehmer.

Seinen Gedichtsband „Der Ruf" gestaltete er mit Werken seiner Kinder. Zwei Graphiken wurden von Otto Scholtes aus Wesseling geschaffen.

Tagesschmelze

Schlüsselfunkengewaltig
übergrünschattenwerfend
der Anbeginn kennt seine Schwester
buchstabentauschendhöhnisch
hat der Takt nun ein hallendes Echo

Vieltönernbaumwipfelreckend
gebogen küssen die Äste die Wolkenschwebe
und im Regenschleier kleidet sich die Erde
sandenbodengeometrisch
bis die Muschel Einlaß heischt
wiegen die Wellen die Fische
in den Schlaf

Schlüsselglutgeformt
lichthauchrinnend
Namen hallen im Vakuum der Gedanken
erkennenswiderscheinern
zahllos brechen die Spektren
aus dem Prisma der Hoffnung
bis die Tagesschmelze die Nacht
überflutet

Hunger und Durst (I)

Der Hunger:

Still kriecht
diese schnellende
sprunghafte Leere
in die Eingeweide
klopft der Gedanke
jenseits
der Furcht
herzensflüchtig
bevor
der Staub uns
holt
ziehen wir eine
Linie des Lichtes
über
den Gewitterhimmel
des Lebens

Hunger und Durst (II)

Satt lächelt die Maske
flüchtig verrinnt
der Gedanke und will
doch in Stein meißeln
den Ruf nach Freiheit

Ohne Echo kann
kein Schall an die Tränke
geführt werden
im Freudentaumel
des Lebens
löscht die Mutter aller Farben
den Durst
und ein Blitz zerteilt
den dunklen Hunger

Der Ruf (I)

Sei ohne Angst
der Ruf hat eine Tür
der Name seinen Ort
der Geborgenheit

An der Pforte
unserer Träume
steht der Wächter
des Schlafs
der mit einer scharfen Klinge
und dem Puls der Vergangenheit
das Wachsein vermählt

Nichts kann so bleiben
wie es war
auch das Menschengesicht
stürzt sich in den Mahlstrom
von Erinnerung und Schöpfung

Der Ruf (II)

Dein Wissen wird voll
und die Bescheidenheit weicht
der Ehrfurcht vor dem Ewigen
dem Zorn nach der Wiederholung
zahlreicher Vergehen
und der Hoffnung auf dem Weg
ins immeralte Neue

Sei dann ohne Angst
wenn sich deine Welt vergrößert
die Sterne und die zerberstenden Sonnen
Deine Begleiter werden
und der Vater der Zeit
Dich adoptiert

Schritte

Der Gegenständlichkeit entkommen
fluten Bilder und Stimmen
das Flußbett meiner Sinne
und in der neuen Farbigkeit
wird der graue Himmel zum Raum
von Träumen und Weite

Im Reich der Alternativen
steuert die Erkenntnis
einen wirren Kurs
öffnet sich das Sein
zwischen Zeit und Uhr

Die Weltensäule (I)

Papierflüchtig
im Wind die Spreu des Herzens
sein Pochen schlägt den Erz unserer Sinne

Weder streichelt uns der Hauch des Wetters
noch umhüllt uns der Boden
denn mit leeren Augen
tasten wir uns von Weltensäule
zu Weltensäule

Gedankenerdenschwer
das Wort treibt umher ohne Wurzel
und der Fluch der Wiederholung
peitscht unsere Zuversicht blutig

Die Weltensäule (II)

Am Wüstenanbruch des Sonnensturzes
bricht die Dämmerung das Brot
mit zitternden Händen
werfen wir den Anker

Papierschriften
unter dem Schreibkiel der Gedanken
erwacht das alte Neue in faltigen Häuten
blinzelt in dem grellen Licht und zwinkert
kaum

Der Sturm lacht uns aus
und über den Wolken steht Gewissheit
im Stein erwacht das Feuer
die Flamme die uns auf dem Weg
geleitet